TOYS

La matière plastique qui compose les figurines et autres barbies est la parfaite matière de la dépersonnalisation

C'est une matière presque lisse avec des aspérités étranges, un grain inquiétant. Les reflets de lumière qu'elle réfléchie tendrait à donner l'image d'un corps pure, d'un corps qui ne vieillit pas. C'est le corps d'un enfant immuable ferme, lumineux et asexué.

La série Toys oscille entre l'absurdité du corps esthétisé « Idéal » et le corps vivant, trop gras, trop ridé, trop poilu. Le corps adulte ordinaire est perçu comme obscène, illégitime et honteux s'il n'est pas à l'image du monde de l'image. Si un morphing devait être présenté pour synthétiser tous ceux de la série, ce serait sans doute celui d'Apollon et Dionysos.

Si l'enfant et l'adulte, avec son sexe, cohabitent dans la série, tout comme la perfection plastique et le corps du commun, c'est sous la forme d'un « art brut numérique » qu'ils doivent le faire : détourages grossiers, bruit dans l'image et autres imperfections. La naïveté du traitement doit se heurter à la dureté du propos. L'enfant supposé pure et l'adulte ordinaire, sale, s'entrechoquent ici.

Sur le versant un peu revendicateur de ce travail, il n'échappe pas que les jouets, tant des enfants que des adultes, sont des produits de consommation. Ce sont des matières plastiques sensualisées ou sexualisées pour flatter l'éros et stimuler la libido du consommateur. Il suffit d'avoir feuilleté les pages hyper gloss de bon nombre de magazines d'avoir subit la pub télé ou les pop up du web pour le savoir.

Il y a le thème de l'*identi*té, or l'*identi*que visé est une chimère-produit-de-consommation. Ceci crée au minimum une frustration et peut être, si l'illusion se produit jusqu'à son comble, une forme de dépersonnalisation. Le corps devient objectivé et en quelque sorte marchandisable : c'est alors qu'il devient étrange et inquiétant.

L'identique intervient aussi dans la filiation et tout ce qu'a de complexe cette relation.

Il y a quelques années , je me suis
penché sur le berceaux de mon fils. Les
barreaux étaient en bois mais ils étaient
vernis d'une matière synthétique. Alors
je me suis senti tout bizarre.

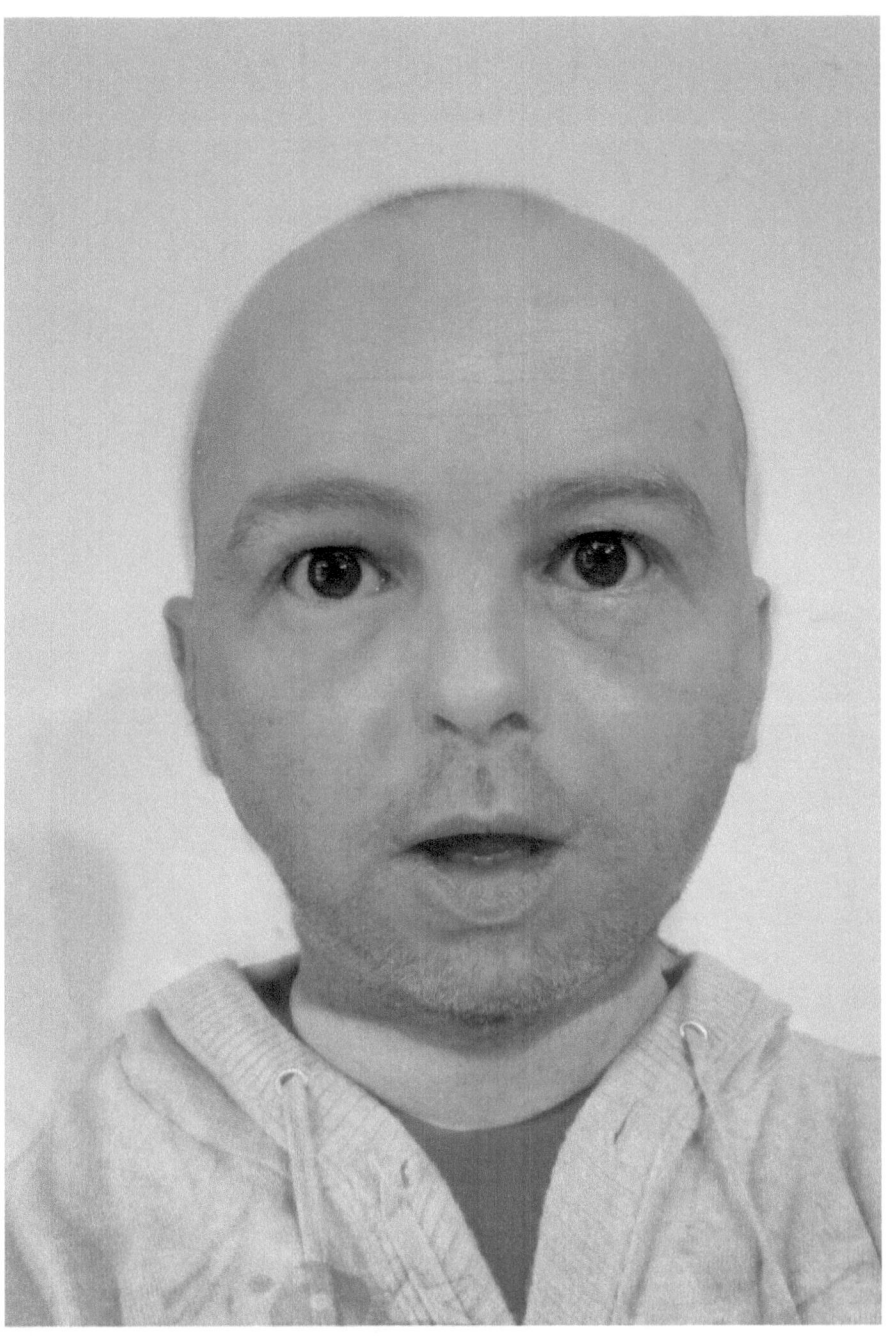

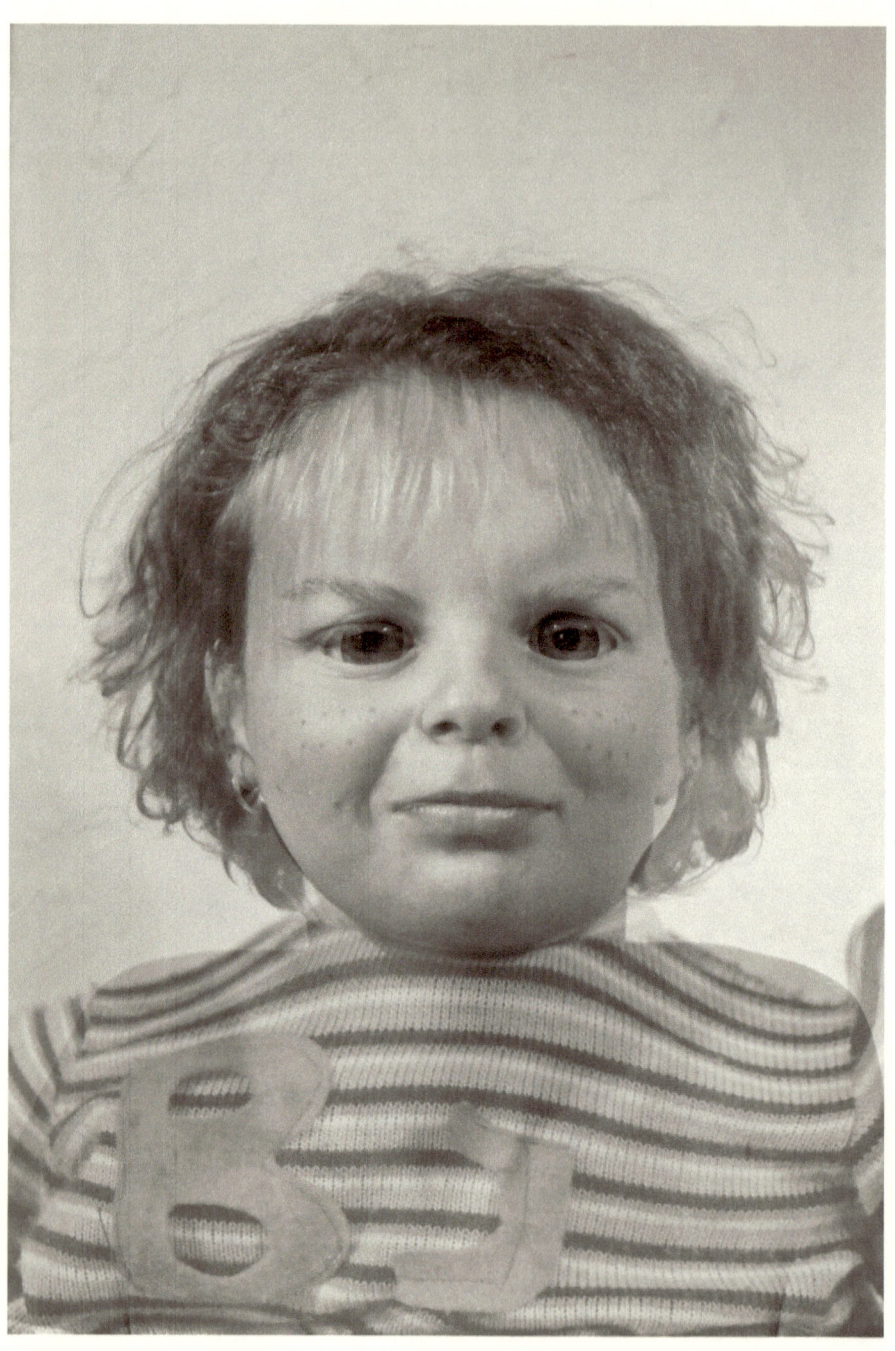

L'âge de raison, puis l'âge adulte
n'effacent pas la sédimentation d'une
vie d'enfant. Parfois un adulte vacille,
titube comme l'enfant qui apprend à
marcher.

Certains amis sont des petits frères ou
des petites sœurs ...

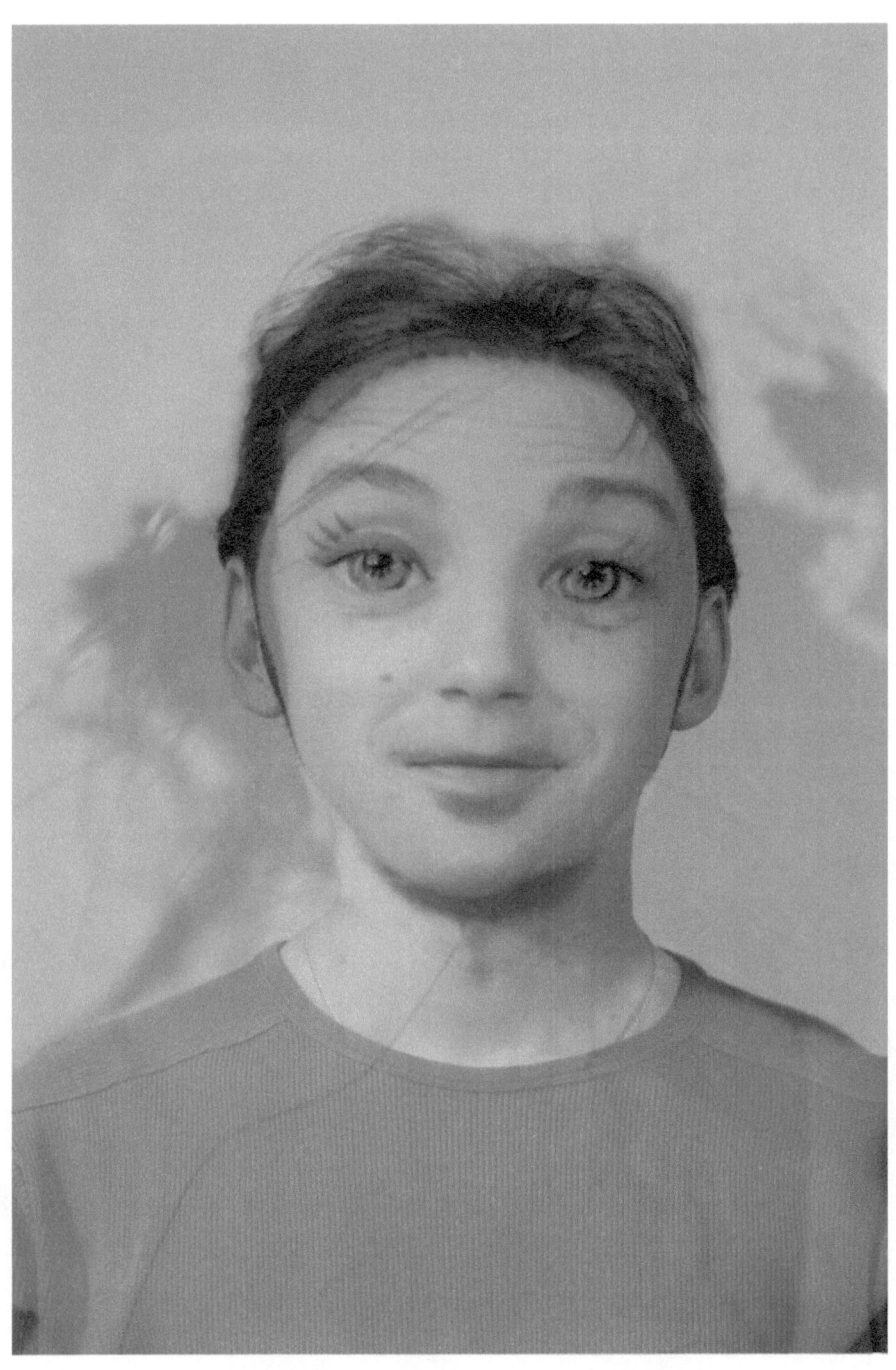

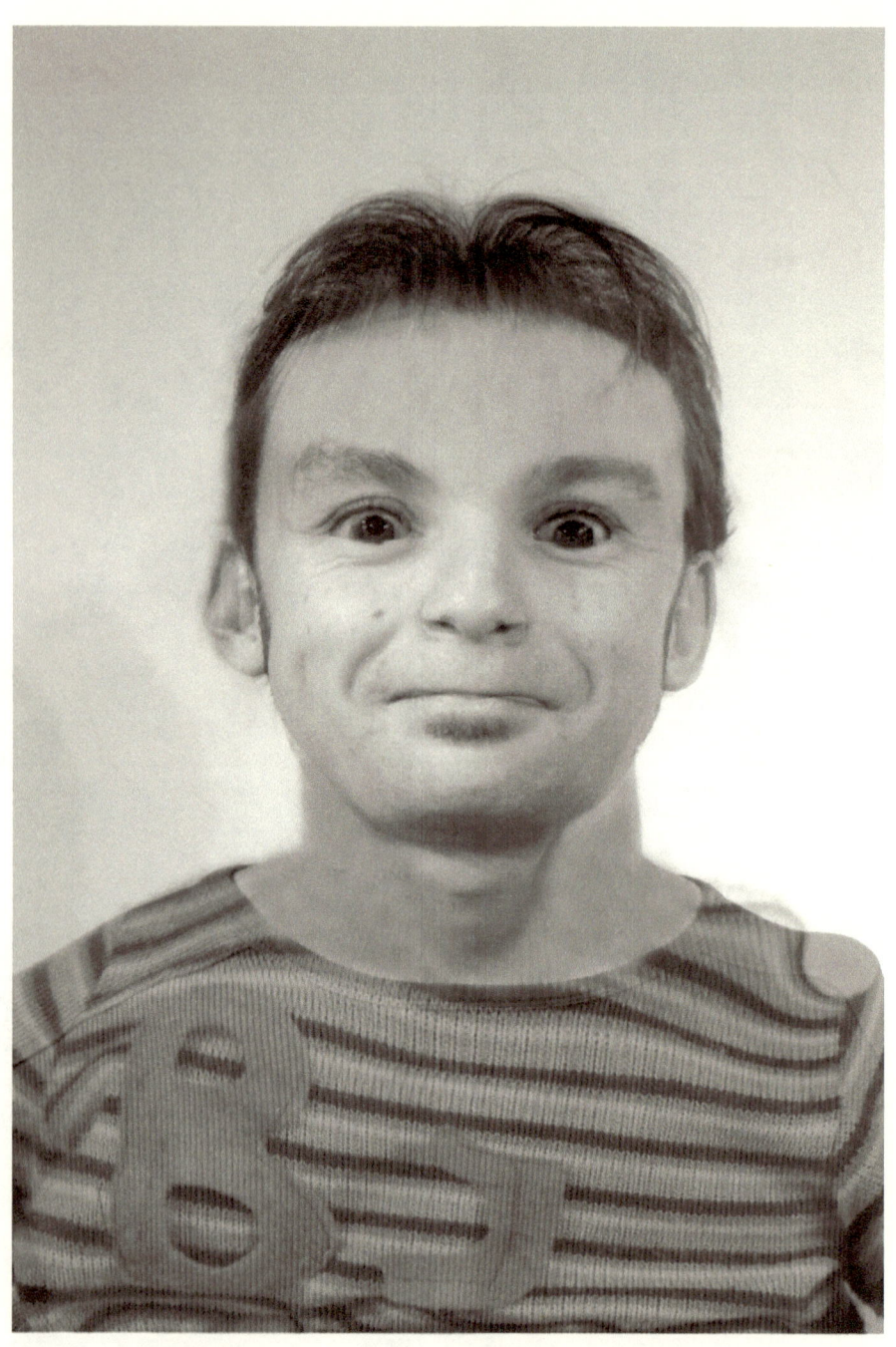

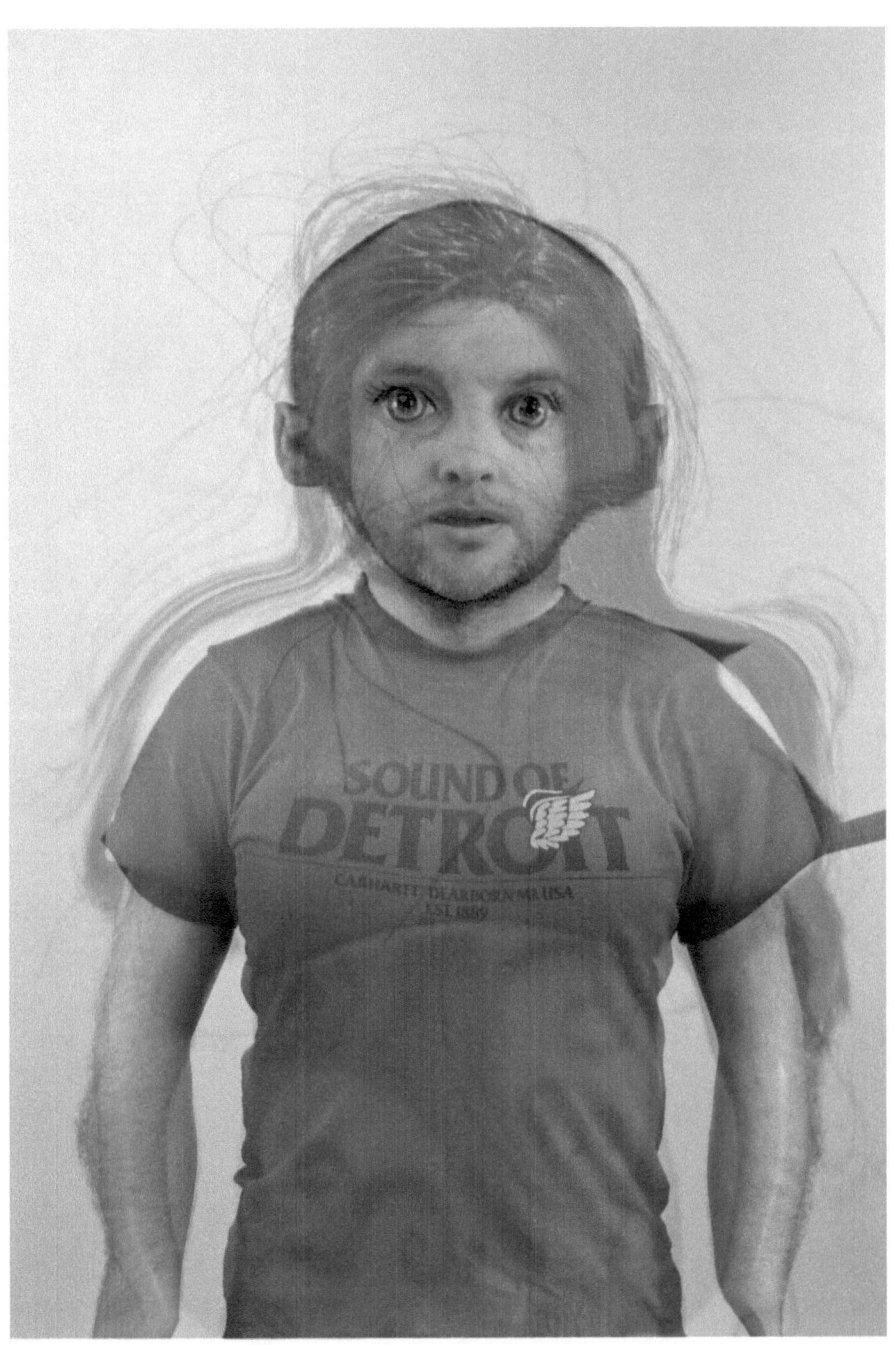

11

Certains amis sont des grands frères ou des grandes sœur ....

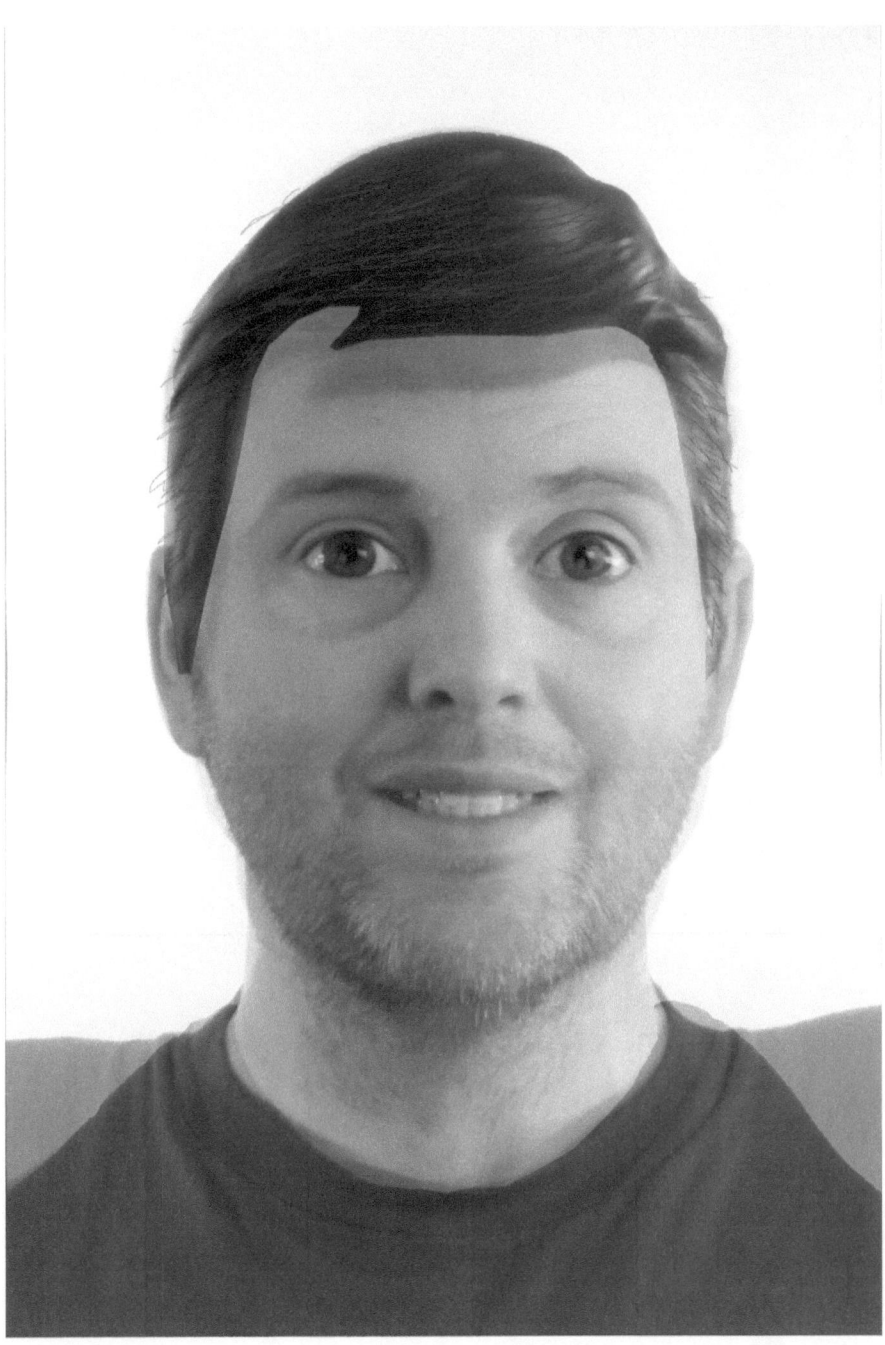

L'homme enfant est une sorte de jouet
cassé.

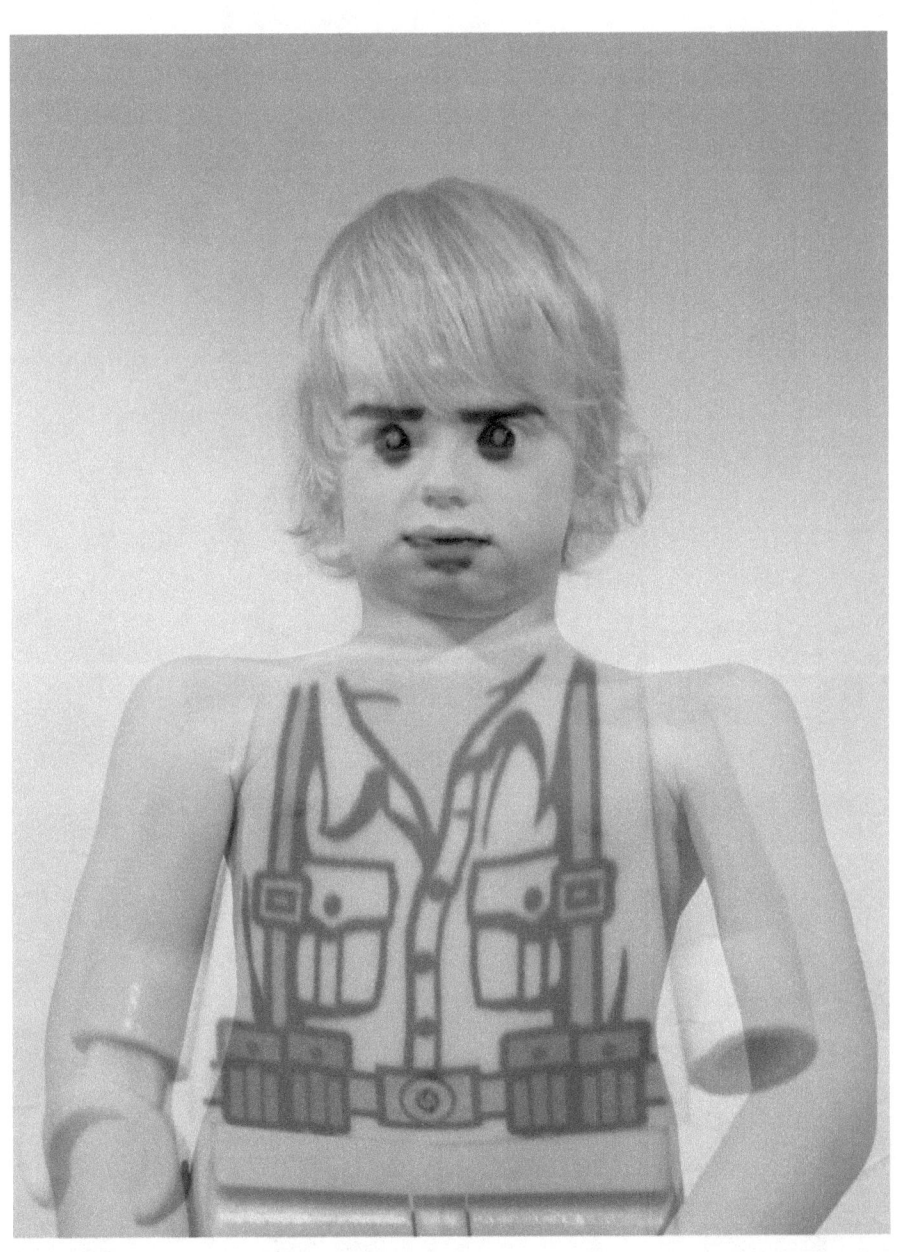

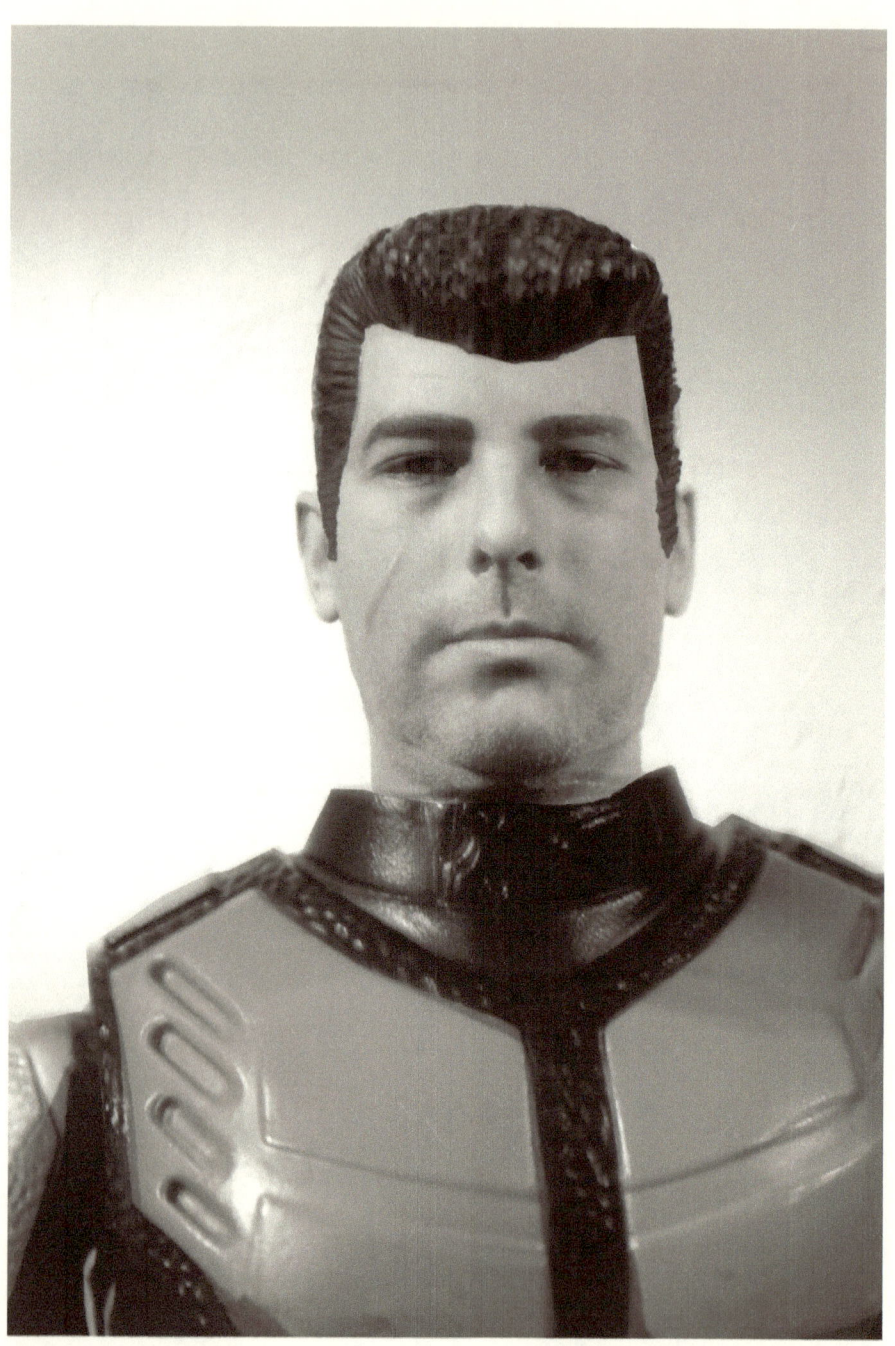

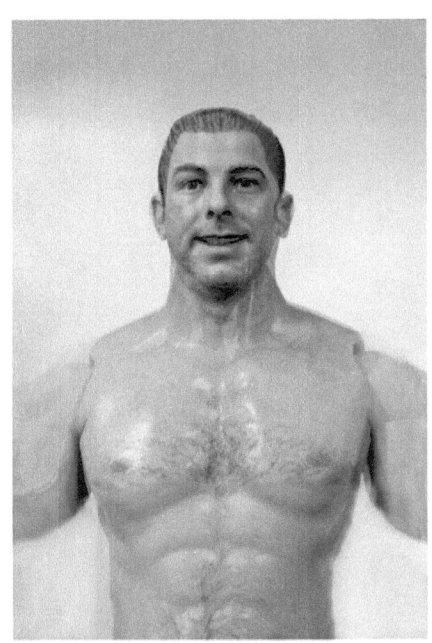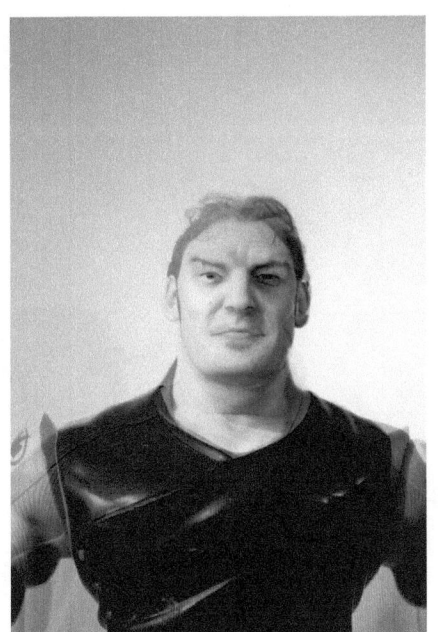

Le père, figure du héro. Et son fils : « Papa, je ne crois plus au père noël, c'est Toy's a rus qui fait les jouets! »

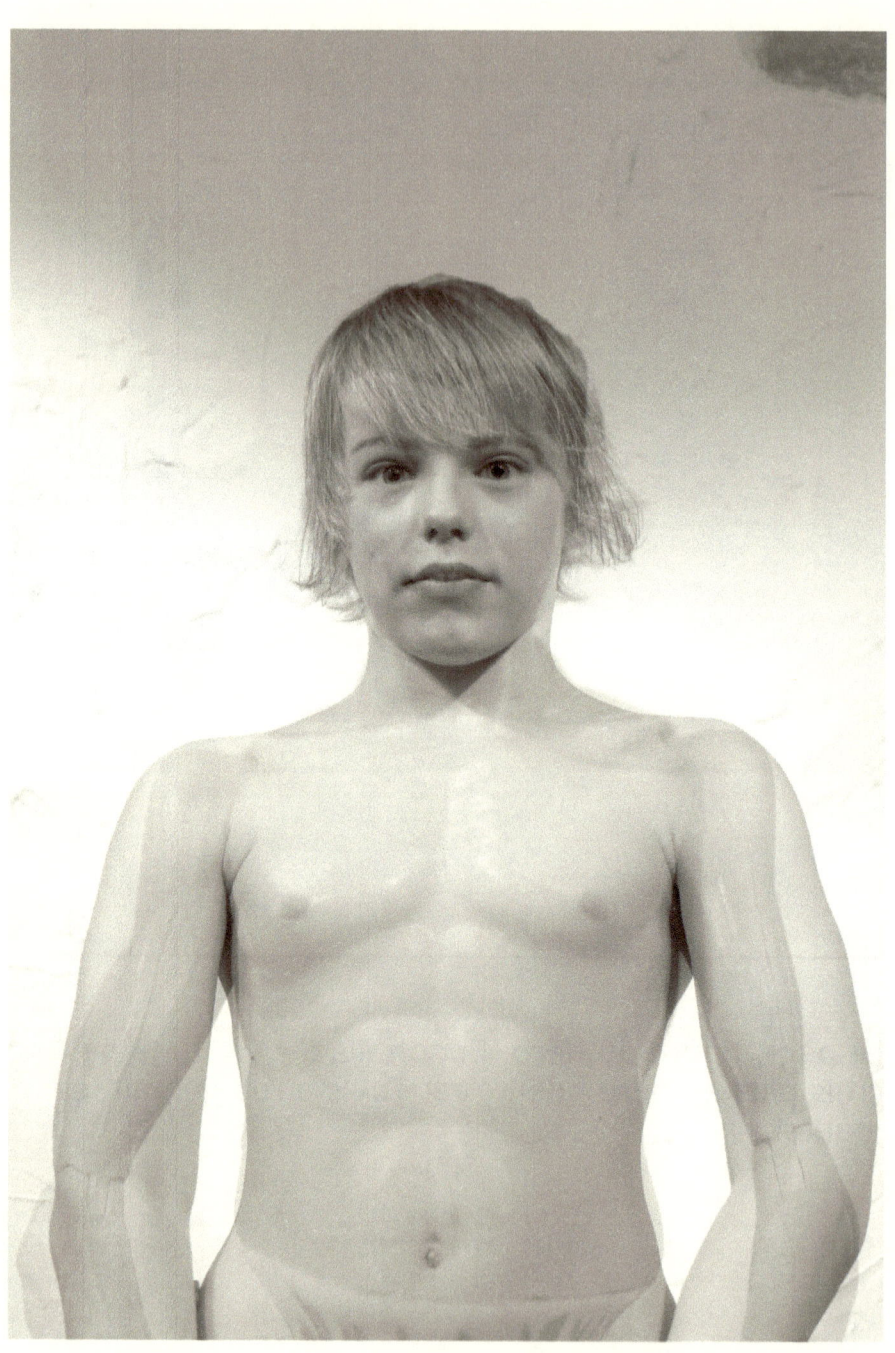

18

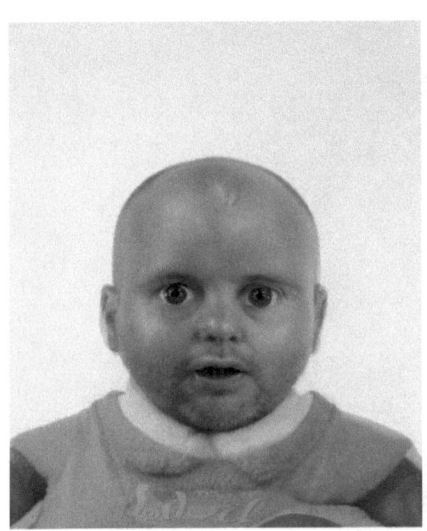
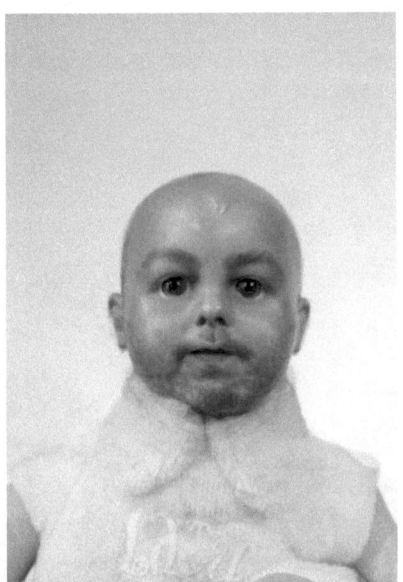

Nous sommes tous des vieux baigneurs.

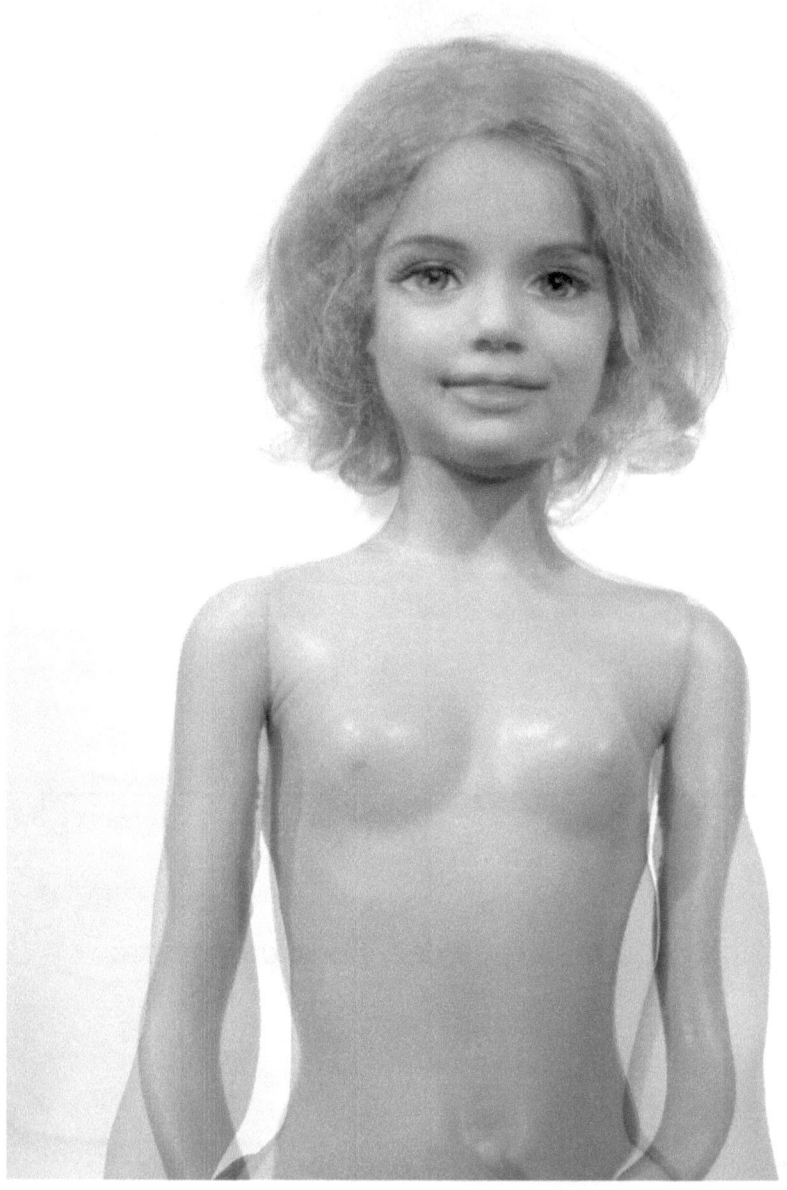

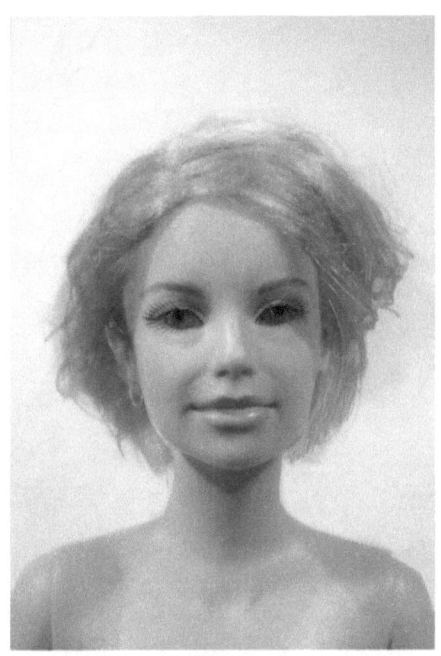 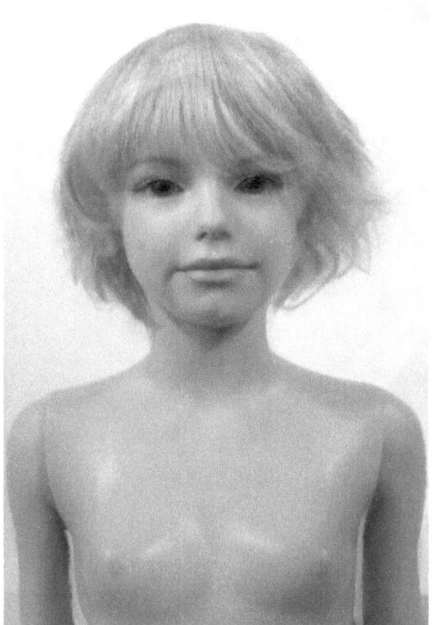

Tout le monde dit : « fontaine de jouvence, je ne boirai pas de ton eau ». Mais tout le monde s'enivre de ce nectar cathodique !

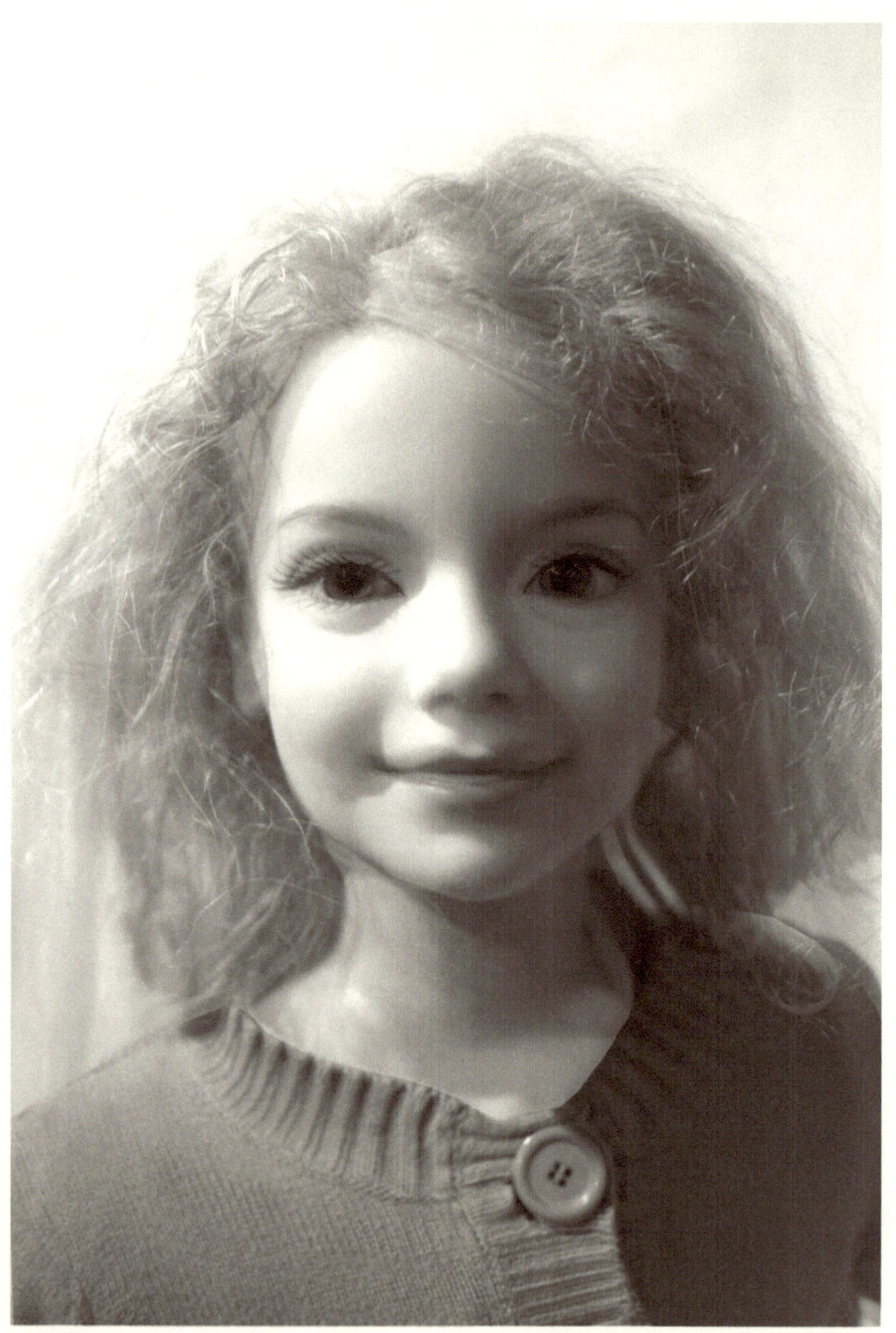

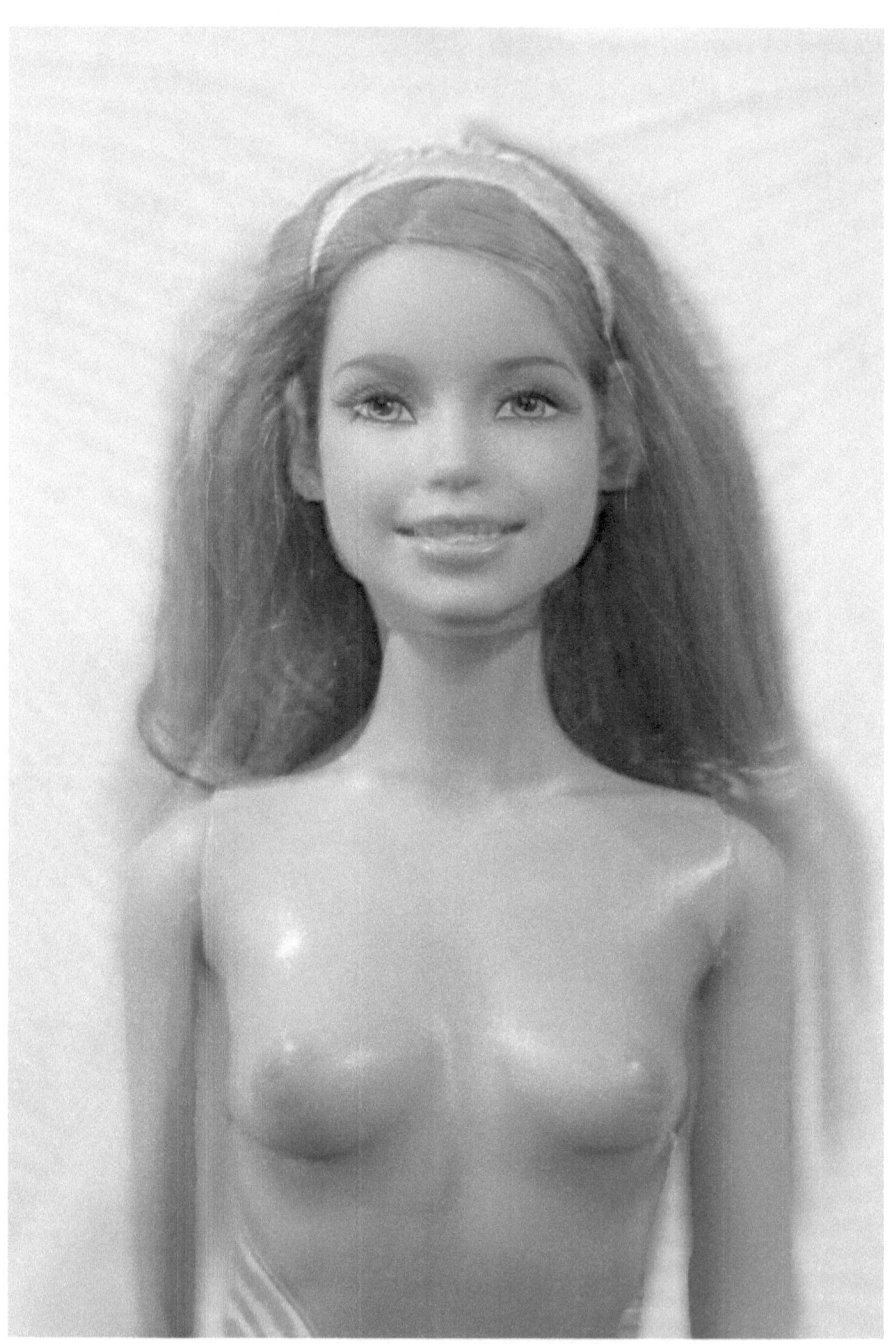

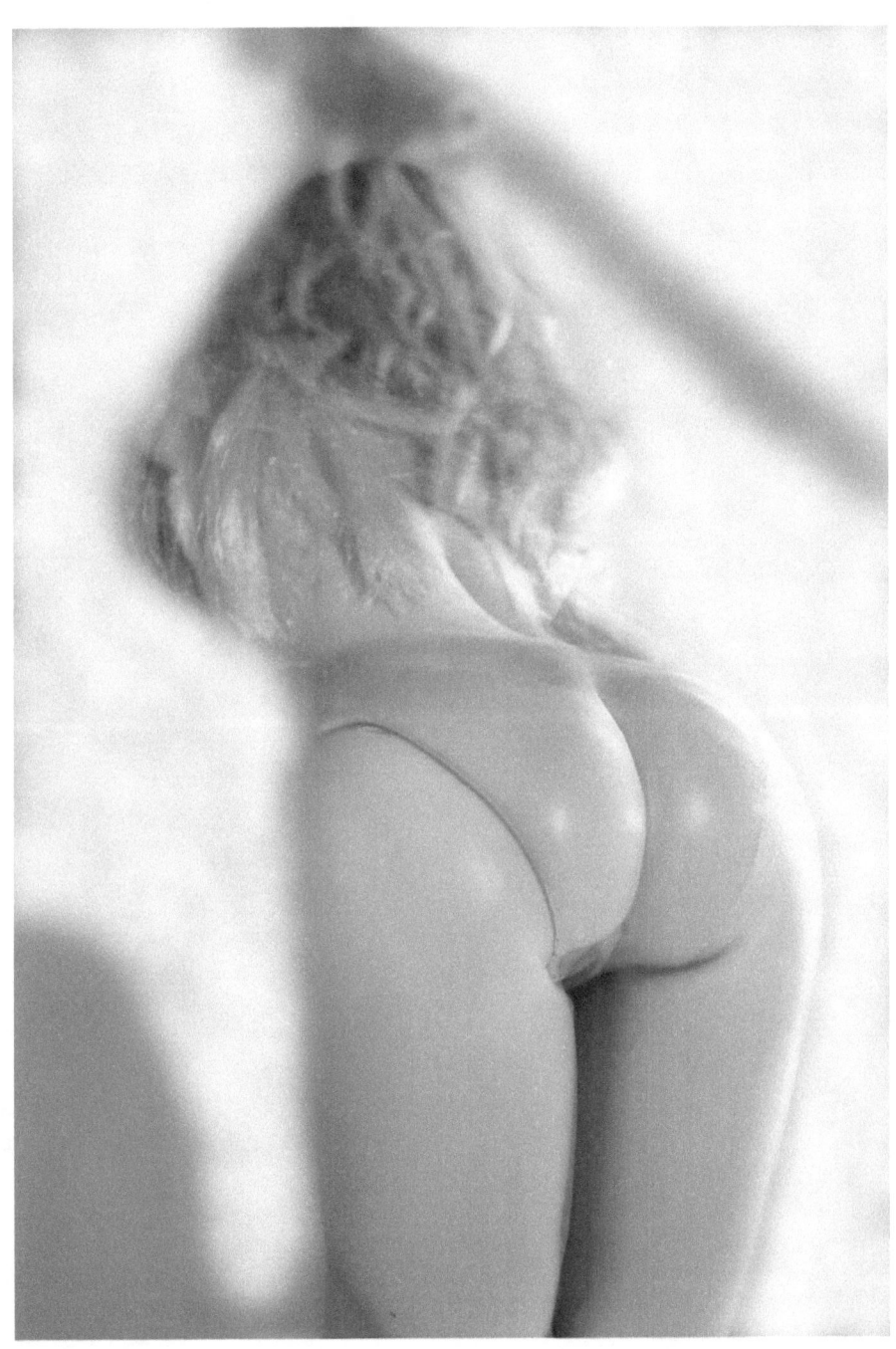

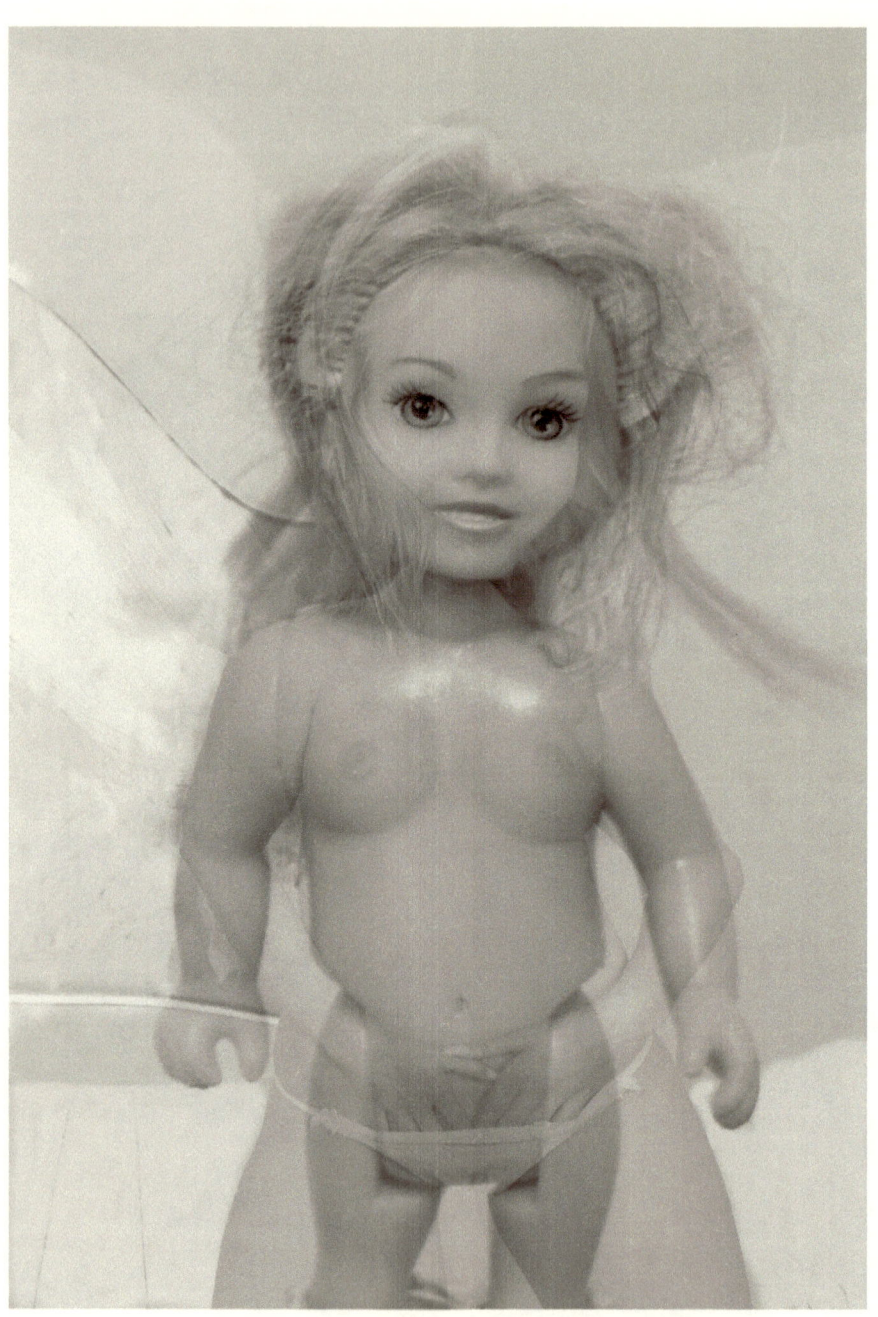

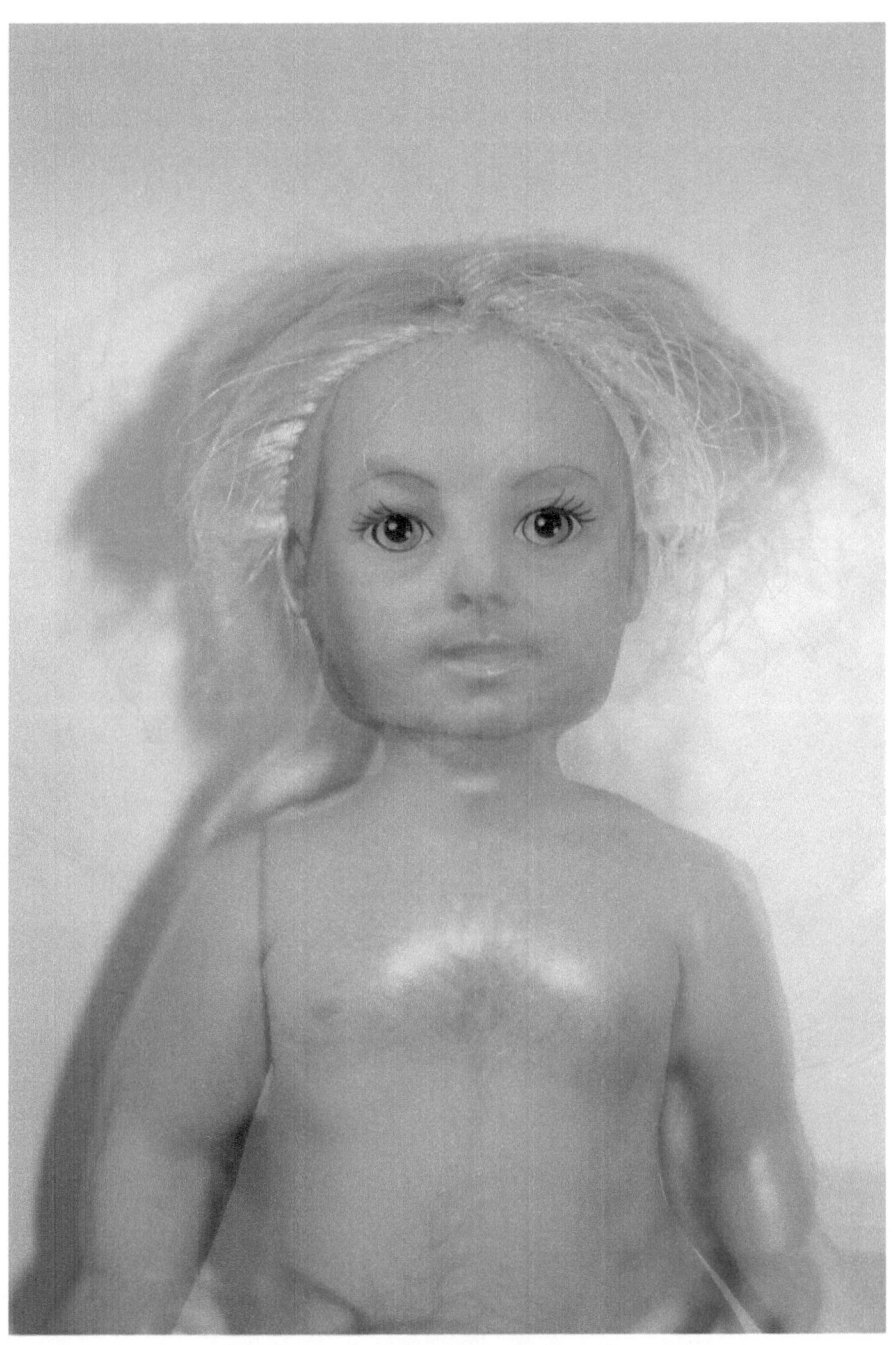

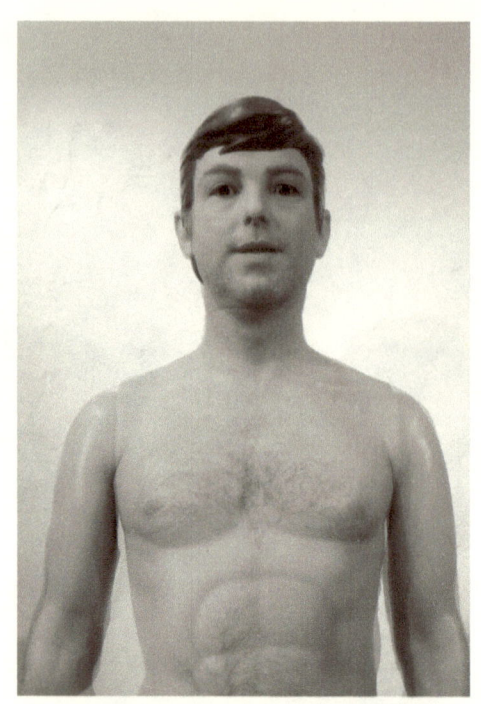

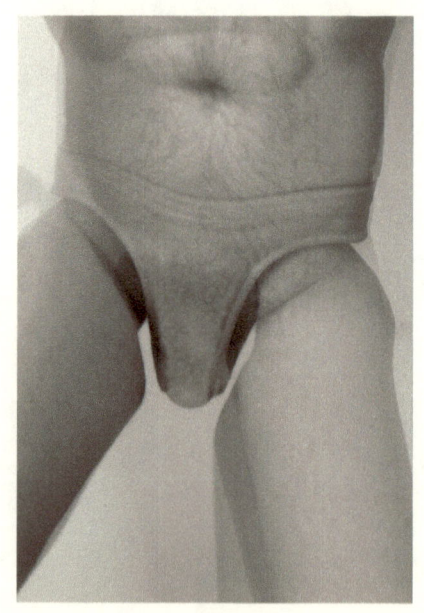

J'ai parfois l'impression étrange d'être
en plastique.

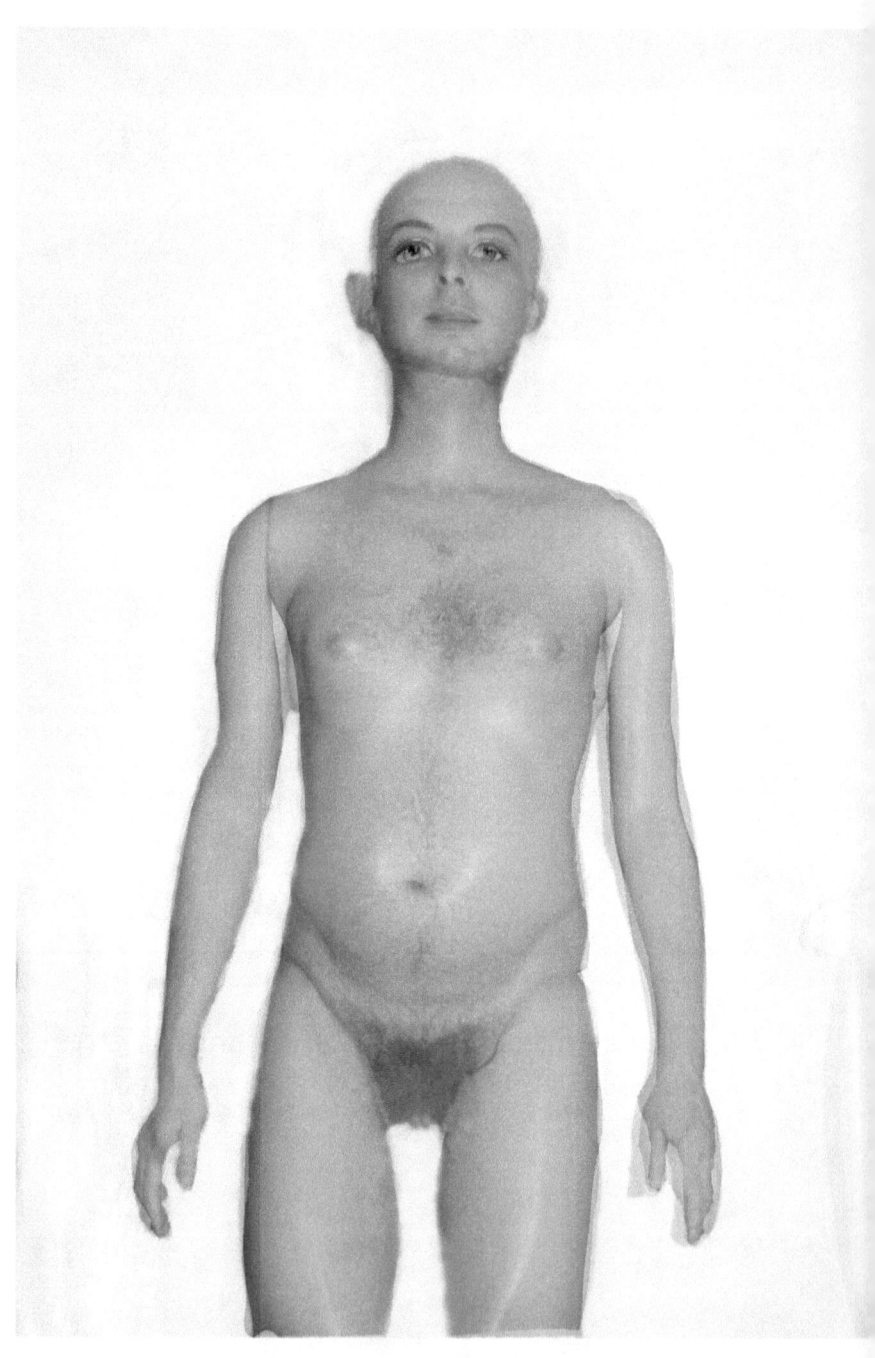

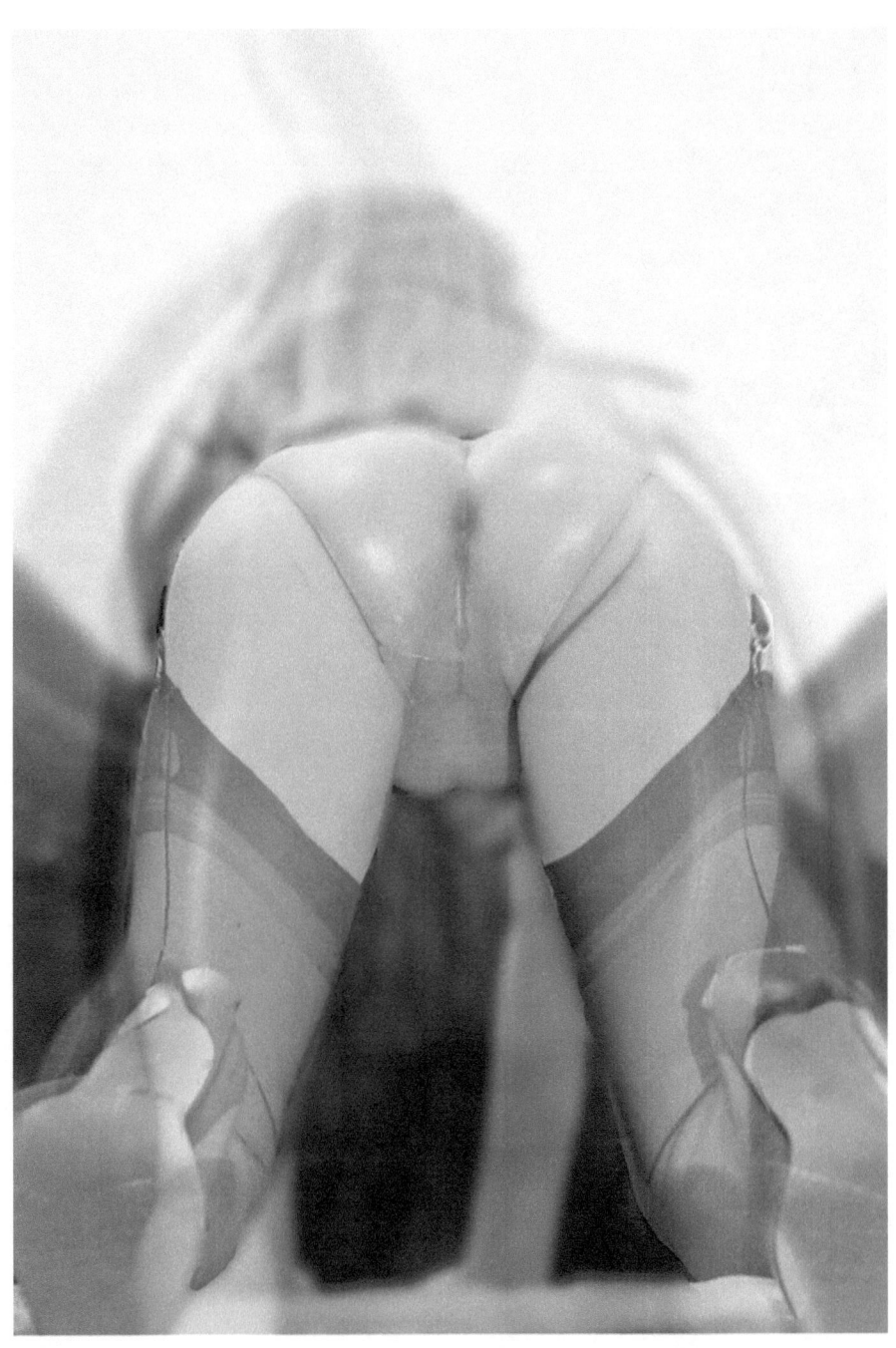

Jérôme LAIRAUDAT
02 54 74 72 41.

djelairaudat@sfr.fr
http://www.myspace.com/djedarkjpg
http://jeylair.magix.net/website